Willst du nicht das Lämmlein hüten ...

Scherenschnitte von Irmingard von Freyberg

naumann

CIP-Kurztitelaufnahme der Deutschen Bibliothek

Freyberg, Irmingard von:
Willst du nicht das Lämmlein hüten ...:
Scherenschnitte / von Irmingard von Freyberg. –
Würzburg: Naumann, 1981
ISBN 3–88567–027–5

© Alle Rechte beim Verlag Johann Wilhelm Naumann, Würzburg
Gesamtherstellung: Fränkische Gesellschaftsdruckerei, Würzburg

VORWORT

Im September 1981 sind die Scherenschnitte von Irmingard von Freyberg entstanden, geboren aus deren Schattenspielfilm „Hirten", den sie, im Auftrag des NDR Hamburg, als romantisches Zwischenspiel für das Fernsehen geschaffen hatte, meist „in freier Wildbahn" auf der Schafweide von Sommerhausen am Main.

Kürzlich fand der Hirtenfilm eine Heimstatt im Deutschen Bundes-Film-Archiv in den Mauern von Ehrenbreitstein.

Was im Buch leider nicht wiedergegeben werden konnte ist die Flöten- und Lautenmusik, die den Film mit alten Weisen begleitet.

Die Folge der 30 Bilder, wie auch der Text, soll den Wandel der Hirten von der biblischen Zeit bis heute zeigen, wenn auch die Schafe immer dieselben geblieben sind. –

Irmingard von Freyberg
Sommerhausen am Main

Irmingard Freiin von Freyberg ist 1907 in München geboren. Schon mit fünf Jahren wurde ein Silhouetten-Bilderbuch des Polen Konewka ihr Schicksal, da sie, aus Liebe zu diesen schwarzen Gestalten, eine kleine Schere und ein Fetzchen Papier ergriff um irgend etwas ganz Kindliches zu schneiden. Diesem Quell entsprangen alle Werke ihrer unerschöpflichen Phantasie bis zum heutigen Tag. – Mit 17 Jahren fand sie in der Staatsschule für angewandte Kunst ihren Meister, Professor Dr. Dr. Emil Preetorius, der ein berühmter Grafiker und Bühnenbildner, wie auch Sammler und Experte ostasiatischer Kunst war. Er übernahm die Ausbildung, da er in ihren Scherenschnitten das „Urtalent" erkannt hatte und er förderte es durch das Vorbild ostasiatischer Malerei und des, aus Java und Bali stammenden Schattenspiels, der Urform des Theaters, „Wayang" genannt.

Durch Preetorius bekam sie auch die ersten Aufträge für Buchillustrationen. Da er aber auch sehr mit dem Theater verbunden war, beschäftigte auch sie sich mit Bühnen- und Kostümbildnerei und die Liebe zum Theater schwelte wie Glut unter der Asche. Darum fand sie auch, in viel späteren Jahren, noch eine alte Meisterin des berühmten Max-Reinhardt-Theaters, Gertrude Eysold, die sie in die Geheimnisse der Schauspielkunst einweihte.

 So konnten alle erworbenen Theaterkenntnisse mit den Scherenschnitt-Schattenspielereien vereint werden. Wieder hatte sie Glück, da gerade das Fernsehen seine Tore geöffnet hatte. Nach ergebnislosen Bemühungen, ihre Spiele in München zu starten, hielt sie am Neujahrstag 1955 im Fernsehstudio Hamburg-Lokstedt Einzug, das zur „Heimat" wurde. Dem erfolgreichen Debüt mit Robert Schumanns „Kinderscenen", folgten im Laufe von 17 Jahren 60 Sendungen, die sie allein ausgearbeitet und vor der Kamera mit beweglichen Figuren gespielt hat. Traurig ist sie, daß es keine Nachfolge in ihrer „schwarzen Kunst" gibt. – Ihr „Lorbeerblatt" ist das Verdienstkreuz am Bande, der Bundesrepublik Deutschland, das der Baronin am 1. Mai 1981 verliehen wurde. –

Irmingard Freiin von Freyberg

Ich bin der Hirte, der immer war und immer sein wird,
der Wandernde, der Hüter und Heger der Herden.
Ich liebe meine Tiere und verstehe sie,
ich kenne die heilkräftigen Pflanzen,
ich weiß viel von Wetter und Wind
und bin daheim auf den Weiden der ganzen Welt!

Die alten Schatten spendenden Bäume sind meine Freunde,
und ich liebe es, wenn der Wind in ihrem Blattwerk rauscht,
und die Vögel in ihrem Geäst singen,
während die plätschernde Quelle mich und meine Tiere labt.

Nun sind die Schafe satt und müd' und ruhn,
und der Schäfer will euch von den alten Hirten erzählen,
die in früheren Jahrhunderten gelebt haben.

Schon unser Urahn' Abel,
der Sohn unserer Stammeltern Adam und Eva,
war Schafhirte.

Gott der Herr hat sich von Anbeginn besonders
den Hirten gnädig gezeigt,
die seine Stimme hörten und seinen Geboten folgten.

Und der Herr sprach zu Abraham:
„Gehe aus deinem Vaterland und von deiner Freundschaft
und aus deines Vaters Haus in ein Land,
das ich dir zeigen werde."
Abraham folgte dem Wort Gottes und zog mit seinen Herden
von Ur in Chaldäa nach Haran, dann weiter in das Land Canaan.

Moses hütete die Schafe seines Schwiegervaters Jethro
auf dem Berg Horeb,
„Da brannte ein Dornbusch, aber er ward von den Flammen
nicht verzehrt und Gottes Stimme war in dem
brennenden Dornbusch."
Der Herr gebot Moses die Kinder Israels aus Ägypten,
dem Land des Pharao, der sie beherrschte, fort zu führen.

Noch immer wandern die Hirtenvölker
und ihre Heimstatt ist das Zelt.

David, dem zarten Hirtenknaben,
der ein Meister der Harfe war,
verlieh Gott der Herr oft seine Stimme,
seinen Schutz und große Kraft.
Später herrschte David als großer König über Juda.

Im klassischen Land der Griechen,
wo noch die alten Götter regierten,
führten in Arkadien die Hirten ein der Welt
entrücktes glückseeliges Dasein.
Sie huldigten ihrem Gott Pan und den Nymphen,
viel besungen vom griechischen Dichter Theokrit
und dem Römer Vergil.

„Seht, dort in den Efeu umwucherten
Grotten Arkadiens lockt der Hirtengott
Pan mit seiner Syrinx die Nymphen
und Echos liebliche Stimme
tönet die Weise zärtlich zurück."

Die griechischen Hirten waren Meister der Flöte,
die sie aus Rohr schnitten.
„Du Flöte mein, beginn' ein arkadisches Lied …"

Wohl schon um das dritte Jahrhundert hat der griechische
Dichter Longus in dem ersten Hirtenroman
„Daphnis und Chloe" uns die zarteste Liebesgeschichte
dieses jungen Hirtenpaares erzählt.

„Süß war der Zikaden Gezirp,
lieblich der Duft des Obstes,
ergötzlich der Herden Geblök.
Man hätte gemeint,
daß auch die Flüsse sängen,
wenn sie leise dahinglitten,
und daß die Äpfel in Liebeslust zur Erde fielen."

Damötas ist der Hüter der Rinder …

Die arkadische Hirtenseeligkeit war längst verklungen,
aber die Sehnsucht danach lebte in der Menschheit weiter.
Auch der Hirtenstamm blieb erhalten.
Im Mittelalter gehörte Hirt und Herde zu jeder Burg
und mancher Sang kündet von der Rivalität von
Rittersmann und Hirte.

Auf der Burg Hohentwiel im Hegau gab es zwei Hirtenkinder,
Audifax und Hadumoth, von denen Victor von Scheffel im
„Ekkehard" berichtet.
Die Kinder glaubten an einen verborgenen Schatz,
nach dem sie ruhelos suchten, bis sie von den heran-
brausenden Hunnen entdeckt und verschleppt wurden.
Später aber kehrten sie auf die Burg zurück und
lebten als ein glückliches Paar.

Im späteren Mittelalter entwickelten besonders die
höfischen Kreise Burgunds ein schäferliches Lebensideal.
Sie sangen zur Laute ihre „Bergèrettes."

„Il pleut, il pleut bergère
Rentre tes blancs moutons!
Allons à ma chaumière,
bergère vite allons!
J'entends sur le feuillage
l'eau, qui tombe a grand bruit –
Voiçi, voiçi l'orage
Voilà l'eclair qui luit!"

Jean Jacques Rousseaus ehrlich gemeinter Ruf
„Zurück zur Natur" wurde von der überzüchteten verspielten
Hofgesellschaft Frankreichs mißverstanden und „Arkadien"
immer mehr zur Mode, zur Gesellschaftskunst.
Die Damen und Herren verkleideten sich kokett als
Schäferinnen und Schäfer, um so ihr Liebesspiel zu treiben.
Sogar die Königin Marie Antoniette ließ im Park ihres
Schlosses Trianon eine Schäferei im Schweizer Stil errichten.

Uns schenkte Wolfgang Amadeus Mozart ein zauberhaftes
Andenken an jene Zeit, seine unsterbliche kleine
Hirtenoper „Bastien und Bastienne".

Willst du nicht das Lämmlein hüten,
Lämmlein ist so fromm und sanft,
nährt sich von des Grases Blüten,
spielend an des Baches Ranft.

(So begann Schiller sein Gedicht Alpenjäger.)

Wie viele Dichter der Romantik ließ sich auch Goethe
die Hirtenidylle nicht entgehen:
„Bei dem Glanz der Abendröte
ging ich still den Wald entlang –
Damon saß und blies die Flöte,
daß es von den Felsen klang –
und er zog mich zu sich nieder,
küßte mich, so hold, so süß –
und ich sagte: Blase wieder!
Und der gute Junge blies. –"

Auch die Landschaft Italiens war eine romantische
Kulisse für das Hirtenleben und seine Hirtendichtung.

„Die Herde von der Schäferin bewacht
findt' Nahrung auf der blumenreichen Weide
und ihren Schäfer nährt die unbescholt'ne Freude,
die ihm aus ihren Augen lacht.
Ein Schäfer, den sie zärtlich liebt,
dem sie, wenn er ums Haupt ihr Liebesmyrthen schlingt,
für Liebe, Liebe wiedergibt."

Gerhart Hauptmann, der große Dichter,
war auf die Almen des Monte Generoso gestiegen
um mit Ludovico Zwiesprach zu halten,
dem Hirten, der einst Priester war,
vom Volksmund „der Ketzer von Soana" benannt.

Wandern wir weiter!
Ziehen wir mit den „Pifferari",
den musizierenden Hirten der Abruzzen gen Rom,
denn es ist Advent.

Vor einem Marienbild angelangt,
blasen sie auf dem Dudelsack
und dem Piffero, ihrer Flöte, zu Ehren
der Madonna und ihres göttlichen Kindes!
„Quando nascete Nino a Betelemme!"

„Und es waren Hirten auf dem Felde bei den Hürden,
die hüteten des Nachts ihre Herde …"

Und ein einsamer Schäfer haust im Karren unter dem
Sternenhimmel und hütet, mit seinem treuen Hund,
die Schafe. –